CHRISTEL PETITCOLLIN

Caderno de exercícios para

Sair do jogo vítima, carrasco, Salvador

Ilustrações de Jean Augagneur

Tradução de Clarissa Ribeiro

CB053822

EDITORA VOZES

Petrópolis

© Éditions Jouvence S.A., 2014, 2020.
Chemin du Guillon 20
Case1233 — Bernex
http://www.editions-jouvence.com
info@editions-jouvence.com

Tradução do original em francês intitulado *Petit cahier d'exercices Sortir du jeu victime, bourreau, sauveur.*

Direitos de publicação em língua portuguesa — Brasil:
2023, Editora Vozes Ltda.
Rua Frei Luís, 100
25689-900 Petrópolis, RJ
www.vozes.com.br
Brasil

Editoração: Laís Costa Lomar Toledo
Projeto gráfico: Éditions Jouvence
Arte-finalização: Sheilandre Desenv. Gráfico
Revisão gráfica: Alessandra Karl
Capa/Ilustração: Jean Augagneur
Arte-finalização: Editora Vozes

ISBN 978-65-5713-769-7 (Brasil)
ISBN 978-2-88953-475-3 (Suíça)

Este livro foi composto e impresso pela Editora Vozes Ltda.

Dados Internacionais de Catalogação na Publicação (CIP)
(Câmara Brasileira do Livro, SP, Brasil)

Petitcollin, Christel
    Caderno de exercícios para sair do jogo vítima, carrasco, salvador / Christel Petitcollin ; ilustrações de Jean Augagneur; tradução de Clarissa Ribeiro. — Petrópolis, RJ : Vozes, 2023. — (Praticando o Bem-estar)

    Título original: Petit cahier d'exercices sortir du jeu victime, bourreau, sauveur.

    1ª reimpressão, 2024.

    ISBN 978-65-5713-769-7

    1. Comunicação interpessoal 2. Psicologia comportamental 3. Relações humanas I. Augagneur, Jean. II. Título. III. Série.

22-128515   CDD-158.2

Índices para catálogo sistemático:
1. Relações humanas : Psicologia   158.2

Eliete Marques da Silva — Bibliotecária — CRB-8/9380

Os jogos psicológicos

A noção de "jogo psicológico" foi elaborada por Éric Berne, o psiquiatra que fundou a Análise Transacional. Observando as relações humanas ou, mais precisamente, o que foi chamado de "transações" entre humanos, Éric Berne intuiu que algumas interações, sobretudo as negativas, eram normatizadas, repetitivas e nos prendiam a certos papéis. Observando várias situações, como aquela vivida pelo alcoólatra e seu círculo social, Éric Berne tentou distinguir os diferentes atores e seus papéis: o ingênuo, o provedor... Mas é a Stephen Karpman que devemos o conceito de "triângulo dramático". Foi ele que arrematou o modelo esboçado por Éric Berne, sintetizando as interações entre os participantes de jogos psicológicos em três grandes papéis: a vítima, o carrasco e o salvador.

A denominação "jogos psicológicos" é utilizada por várias razões:

➡ A primeira razão consiste justamente **nesses papéis** que os participantes assumem e atuam com intensidade.

➡ A segunda é o **aspecto normatizado e repetitivo das interações**: se gravássemos nossas discussões recorrentes, nós nos daríamos conta de que seus diálogos [ou monólogos!] são quase idênticos uns aos outros, do início da discussão à sua conclusão. O gravador poderia terminar a briga em nosso lugar.

3

➡ *Enfim, a **Análise Transacional** dissecou o desenrolar dessas interações negativas, notando um gatilho para a disputa como o lançar dos dados; uma progressão no diálogo, como se movêssemos os peões em um tabuleiro; e uma conclusão em forma de drama teatral que termina o jogo.*

As relações baseadas em jogos psicológicos são negativas, desgastantes, cansativas e tóxicas.

Este caderno de exercícios permitirá que você se conheça, compreenda, desfaça, desarme esses jogos e, sobretudo, evite recomeçá-los... consequentemente, que você tenha relações saudáveis.

O triângulo dramático

O triângulo dramático é um jogo psicológico que combina:

➡ uma encenação de papéis;

➡ uma dança das cadeiras;

➡ um jogo de tiro ao alvo;

➡ e passes de bola, como no futebol.

A encenação

A primeira característica dos jogos psicológicos é a distribui-ção daqueles três papéis complementares:

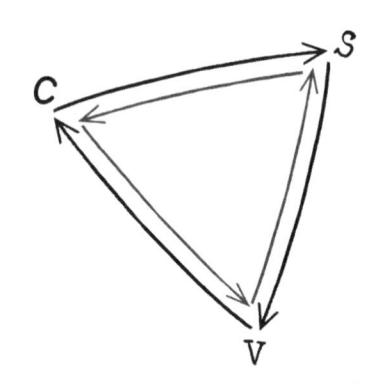

O triângulo dramático de S. Karpman

Cada um tem um papel preferido para entrar em cena, contudo nós podemos assumir todos os três.

➡ **O papel de Vítima**: a vítima é reclamona e até mesmo chorona, infeliz e passiva. Ela pretende ser pura, inocente e impotente. Frequentemente perseguida por catástrofes ela é ainda inoportuna e tão irritante que não se pode evitar colocar-se em seu lugar.

Nota: Você notará que "a vítima" não existe no masculino. Porém, os homens sabem tanto quanto as mulheres se fazer de vítimas!

O papel do Carrasco: o carrasco é severo, crítico, ríspido e desdenhoso. Seus comentários são definitivos e não admitem objeção. Ele suscita medo e hesitamos em contrariá-lo. Em alguns casos, ele pode até ser maldoso ou cruel, ameaçar, gritar e até mesmo bater.

O perseguidor: versão "light" do carrasco, o perseguidor é um assediador mais cotidiano e sorrateiro. Ele rebaixa, se recusa a dar sua aprovação, exporta sua insatisfação crônica... Enfim, ele pratica a tortura do pingo d'água em vez da martelada.

O papel do Salvador: o salvador é um **workaholic**. Ele está sempre pronto para defender os oprimidos e as causas perdidas. Ele se diz forte, equilibrado e altruísta. Seu lado protetor infantiliza. Sua ajuda se mostra frequentemente inadequada. Ele cria dívidas morais para manter as pessoas perto de si.

Nota: Você reparará que "o carrasco" não existe no feminino. Porém, as mulheres sabem perseguir tão bem quanto os homens!

É importante salientar que esses papéis foram, no passado, uma resposta adaptada a uma situação real. O Perseguidor foi realmente frustrado por seu círculo social; o Salvador foi obrigado a ir além da conta para obter parcos sinais de atenção; e a Vítima realmente viveu situações dramáticas e dolorosas.

O salvador poderia até tirar os peixes da água para ajudá-los a respirar!

Contudo, o uso exagerado que fazem desses comportamentos se torna frequentemente inadequado e manipulador.

A dança das cadeiras combina com a encenação.

Você pode notar que o funcionamento de nossa sociedade é construido sobre esse triângulo dramático.

Aqui vão alguns exemplos:

➡ No papel da vítima você encontrará o cidadão-contribuinte; no papel de carrasco, a polícia e os impostos, e no papel do salvador; a enfermeira e o bombeiro.

➡ O pobre desempregado [vítima] demitido pela maldosa empresa [carrasco] recorre ao seguro desemprego [salvador] enquanto não encontra outro trabalho.

➡ A gentil ONU [salvador] deve defender o país atacado [vítima] face ao país agressor [carrasco].

Mas para defender o país vítima, a ONU salvadora deve se tornar o carrasco do país carrasco, que assume então o papel de vítima do salvador. Quando o pobre desempregado vítima recorre ao seguro desemprego, ele se confronta com um carrasco que enfatiza o número limitado de parcelas do benefício. A Seguridade Social vai, paralelamente, ter o sentimento de lidar com um desempregado inadequado e irritante que não se esforça. Salvadora fracassada, a Seguridade social estará também no direito de se sentir perseguida.

É assim que a encenação de papéis se complica, tornando-se uma dança das cadeiras: quando se entra no triângulo, só se pode girar em círculos, vendo a toda hora seu lugar ser roubado.

ENTÃO POR QUE JOGAMOS?

➡ Cada papel traz benefícios secundários:

O papel de vítima leva à impunidade, isto é, à possibilidade de não responder pelos próprios atos.

Quando somos vítimas, somos 100% puros e inocentes. Jacques Salomé acrescenta a isso um benefício suplementar: o prazer erótico que sentimos ao reclamarmos, gemermos e nos vermos reduzidos à impotência.

O papel de carrasco dá uma ilusão de poder e permite colocar para fora frustrações, afligindo alguém mais fraco que nós. Em uma consulta, um jovem adulto me contou a seguinte anedota: ele acreditava ser um carrasco de corações e tinha se permitido dizer à sua nova conquista: "Não se apegue a mim, boneca, você vai sofrer!". Para sua decepção, ela não segurou a gargalhada e respondeu: "Mas como você é pretensioso por acreditar que tem o poder de me fazer sofrer!"

Pois é, sem vítima que consinta, não tem carrasco!

O papel de salvador alimenta o ego e permite que nos consideremos mais sólidos e equilibrados do que realmente somos, estabelecendo relações com vítimas fracas. Esse papel nos permite, além disso, fugir de nossos problemas, pois nos dedicamos aos dos outros. Os salvadores foram com frequência tratados como adultos durante a infância, lidando muito cedo com responsabilidades pesadas demais.

➡ O triângulo dramático é também, e sobretudo, o triângulo da falta de maturidade.

Esses papéis são exagerados e pervertem situações vividas na infância.

O papel de Vítima retoma todos os aspectos negativos de uma criança submetida e adaptada a seu ambiente familiar que procura satisfazer o adulto e ser cuidada.

O papel de Carrasco representa os aspectos negativos de pais autoritários que criticam, dão bronca e perseguem.

O papel de Salvador é uma síntese de todos os aspectos negativos de pais zelosos, que infantilizam, sufocam e criam relações de dependência.

No jogo do triângulo dramático, não há lugar para uma atitude adulta: as pessoas se comportam unicamente como pais ou crianças.

Isolar a bola e jogar para o escanteio, como no futebol!

Para a vítima, a palavra "responsabilidade" é um palavrão. Está fora de questão que essa noção se aplique a seu caso. Uma vítima não pode ter nenhuma responsabilidade por sua tristeza! É por isso que, diante de qualquer pessoa que insinue que ela não é tão inocente quanto parece, a vítima indignada nega violentamente a própria responsabilidade!

"Não é culpa minha!"

O principal dilema do triângulo dramático é uma bola de futebol: a responsabilidade.

É assim que a vítima se transforma em zagueiro. Se você tenta lançar para ela a bola "responsabilidade", ela dá-lhe um bico para afastá-la o máximo possível de seu gol. O objetivo é, também, devolver essa maldita bola para quem a chutou. Você é um carrasco dos piores por ter ousado acusá-la de ter algo a ver com a situação! Você não tem coração? Ou então, você é um ridículo salvador! Tudo é culpa sua!

O carrasco e o salvador, em sua ilusão de potência, agarram a bola "responsabilidade". Mas eles se esquecem de um elemento essencial:

A responsabilidade é indissociável do poder de agir. Eu só posso ser responsável por aquilo que está diretamente ao alcance do meu poder de ação!

13

A bola vai para o escanteio no momento em que a vítima consegue lançá-la para longe. A responsabilidade se transforma em culpa assim que ela é dominada pelo salvador ou pelo carrasco. A culpa de ser um salvador tão ruim no primeiro caso, a culpa de perseguir um inocente no segundo. Nos dois casos, salvador e carrasco se esquecem de um elemento essencial: eles não têm esse poder!

A culpa é uma transferência de responsabilidade a quem não tem o poder de agir!

Única solução:
analisar a partida e redistribuir as responsabilidades.
Qual foi o passe de cada um na jogada?

A triagem da mochila

Cada adulto é responsável por si mesmo. É como se cada um de nós caminhasse pela vida com uma mochila de responsabilidades.

No meu saco, tem:

➡ minha saúde, física e moral;

➡ minha autonomia financeira;

➡ meu desenvolvimento pessoal, isto é, todos os elementos de meu crescimento e minhas realizações;

➡ a qualidade das minhas relações com os outros: com quem eu escolho conviver e para partilhar o quê?

➡ minha felicidade, composta de tudo o que me permite estar realizado e cercado de amor.

A cada vez que eu me culpo é sinal de que guardo em minha mochila "pedras" que não me pertencem.

Duas questões a se perguntar a fim de se livrar delas:

➡ Que peso é esse que gera tanta culpa em mim?

➡ A quem ele pertence?

15

Check-up de sua mochila

Como você cuida de:
— sua saúde física e moral

....
....
....

— sua autonomia financeira

....
....
....

— seu crescimento e suas realizações

....
....
....

Suas relações com os outros:
— Com quem você escolhe conviver?

....
....

— Que interações você privilegia?

....
....

— O que permite que você se sinta realizado e cercado de amor?

....
....

Você não tem o poder de fazer outra pessoa feliz!
Para se convencer disso, tente fazer feliz alguém
que não quer ser feliz!

Boa notícia, você também não tem o poder de entristecer alguém que não quer ficar triste!

As pedras que pesam demais:

....
....
....
....
....
....
....
....
....

A quem elas pertencem?

....
....
....
....
....

Responsáveis, mas não culpados!

Apesar de assumir uma parte do significado do termo "jogo", o jogo psicológico não implica a ideia do divertimento, nem a ideia de um cálculo consciente. Nós vemos os jogos como simples comunicações fracassadas. De fato, o jogo é involuntário, repetitivo, previsível e, no entanto, surpreendente.

Ele dá a impressão de ser inevitável e ter sido criado pelo outro.

Um jogo repousa sobre o desenrolar de uma série de interações marcadas por questões malresolvidas, o que lhe dá um aspecto confuso e ambíguo. Contudo, as sequências se repetem segundo um modelo que define a relação entre os protagonistas. As frases que eles dizem são estereotipadas.

De duração e intensidade variáveis, o jogo progride em direção a um benefício negativo chamado "salário":

➡ Obter sensações fortes, ainda que negativas, que ajudam a preencher o vazio afetivo.

➡ Evitar atingir um nível de intimidade e de autenticidade tido como perigoso.

➡ Atingir de modo desajeitado um objetivo legítimo.

➡ Alimentar os passatempos negativos [ruminações] que se seguirão ao choque.

Que brigas acontecem regularmente em minha vida sem se resolverem:

....
....
....
....
....
....
....

Com que pessoas do meu convívio:

....
....
....
....
....

Até agora, os jogos se desenrolavam fora de seu campo de consciência. Tudo o que você está aprendendo sobre esses jogos psicológicos vai tornar possível que você aja de outra maneira.

Compreender melhor o funcionamento do papel de vítima

Alguns dos jogos prediletos da vítima:

Olhe o que você me fez fazer!

Ele consiste em se justificar atribuindo a própria responsabilidade aos outros ou ao contexto. Ele permite que não se assuma nenhuma responsabilidade pelo fracasso.

Frases-tipo: "Se você não tivesse...", "Por causa de você...", "Se..." [eu tivesse tido, não tivesse tido...]

Resposta: "E qual é a sua responsabilidade nisso?"

Olhe como eu tentei

Trata-se de interpretar os fracassos como inevitáveis e perdoáveis, valorizando a boa vontade da vítima. Pode-se assim justificar um comportamento passivo sem ser criticado.

Frases-tipo: "Eu queria..., mas não pude..." Exemplo: "Eu queria lavar a louça, mas não encontrei a esponja!"

Resposta: "Os ganhadores tentam até conseguirem!"

É horrível

Algumas pessoas não se cansam de reclamar de tudo e de todos. É uma maneira de procurar consolo, atrair simpatias e, sobretudo, não fazer nada.

Frases-tipo: "Não aguento mais", "Estou de saco cheio". Todos, sempre, nunca, ninguém, em todo lugar, em lugar nenhum, tudo e nada. Exemplo: "É sempre igual, ele nunca... e eu, toda vez devo..." Resposta: "Fora isso, o que vai bem?"

Estúpido

Ao se mostrar como incapaz de compreender ou de agir, a vítima justifica sua passividade, apresentando-se como pura e inocente. Frases-tipo: "Eu não sabia", "Eu não entendi", "Eu não sei como se faz", "É complicado demais", "Eu esqueci", "Eu não pensei". Resposta: "Você está tentando me convencer de que é um débil mental?"

As respostas que eu proponho a vocês podem parecer secas e brutais. Isso é normal: eu sintetizo em uma frase curta as atitudes a serem adotadas. Na realidade, você deverá aprender a aplicar diplomaticamente essas posições. (Eu dou dicas sobre isso mais adiante.)

Como reagir de modo sadio, se estou diante de uma vítima?

→ Eu me mantenho consciente do fato de que a pessoa não é vítima "aqui e agora". Ela se coloca em cenas aprendidas em seu doloroso passado.

→ Eu me recuso a ouvir suas reclamações e suas listas de tristezas.

→ Eu a interrompo para focar em seu problema atual: "Qual é a sua demanda?" "O que você espera de mim?" (Cf. mais adiante "a relação de ajuda saudável".)

Minha autocrítica

Em que situações minha tendência seria:

— me fazer de vítima?

— me sentir impotente?

— ter vontade de reclamar?

— acusar os outros?

— pretender-me incapaz de entender ou agir?

— Outras tomadas de consciência:

PARA SAIR DO PAPEL DE VÍTIMA

➤ *Eu me dou conta de minha passividade: eu não sou mais uma criança. Eu é que devo agir.*

➤ *Eu aprendo a substituir minhas reclamações por pedidos precisos.*

➤ *Eu compreendo que as soluções estão dentro de mim, e que atribuir aos outros a tarefa de resolver meus problemas é inconcebível, pois tais soluções vêm de "salvadores".*

➤ *Eu lembro a mim mesmo que não há carrasco sem uma vítima que consinta.*

Compreender melhor o funcionamento do papel de carrasco

Alguns dos jogos preferidos do carrasco:

Sim, mas...

Isso consiste em pedir ajuda, depois dispensar todas as propostas com um "Sim, mas..." O objetivo é fazer fracassar pais substitutos e autorizar reações raivosas: os outros são incompetentes! Não se pode contar com ninguém!

Frases-tipo: "Sim, mas...", "Eu não posso porquê...", "Isso não é possível", "Já tentamos de tudo".

Resposta: "Se o problema parece sem solução, é que você não o examinou sob todos os ângulos. Se dê um tempo para pensar. Você acabará encontrando a solução."

Briguem!

Trata-se de levar duas pessoas a se oporem e de contar para cada uma delas as críticas feitas por outros. Isso provoca o prazer do bisbilhoteiro: observar sem estar implicado. Esse jogo permite também "dividir para melhor governar".

Frases-tipo: "Com meu/minha ex, eu...", "Você viu o vizinho, ele...", "Nossa antiga professora de matemática dizia que...", "Você devia prestar atenção no Duval: ele fala pelas suas costas que..."

Resposta: "Cada um tem seu jeito. Se Duval tem algo a me dizer, ele mesmo fará isso."

Dessa vez eu te pego, seu sem vergonha!

Chamado mais sobriamente de "revanche", esse jogo consiste em notar com superioridade um erro, um esquecimento ou um engano cometido por alguém que antes o repreendeu. Na lógica do olho por olho, esse jogo assegura o perseguidor: os outros não valem mais do que eu!

Frases-tipo: "Você também fez...", "No outro dia, foi você que...", "Ah, agora você também..."

Resposta: "É verdade, eu cometi um erro. Isso deixa você feliz?"

Educado demais

Sendo elogioso demais para levar uma pessoa a fazer o que ela não quer, esse jogo permite sentir que se tem poder sobre o outro e utilizar aqueles que são receptivos aos bajuladores, o que não diminui o desprezo que sente por essas pessoas.

Frases-tipo: "Querid(a), você poderia...", "Querido Duval, você que conhece tão bem o caso Dupond..."

Resposta: "Fale logo. O que você quer?"

Você quer me pedir alguma coisa!!

Você tem algo para me perguntar!

25

Os defeitos

Esse jogo, muito praticado, consiste em falar mal dos outros. Ele permite se sentir bem, pois mascara suas próprias fraquezas.
Resposta: "Todos temos defeitos. E se falássemos do que é bom?"

Para Daniel Tammet (austista asperger, autor do livro *Abraçando o imenso céu*[1]), a fofoca tem a mesma função que a catação de piolhos dos macacos: criar laço social entre os que criticam. O jogo dos defeitos seria, portanto, indispensável para a coesão de um grupo.

A cena

Fazer drama, ser desaforado, gritar ou soluçar, tudo isso permite que se evite resolver os problemas, ou ainda escapar da discussão e fugir de qualquer crítica.
Frases-tipo: "Já que é assim...", "O quê? Você ousa me acusar, justo eu que..."
Resposta: "Se dê um momento para se acalmar, conversamos tranquilamente depois."

Não se deixe intimidar por essa chantagem emocional.

O perseguidor é um grande frustrado que procura evacuar suas frustrações em alguém mais fraco do que ele. Assim, o empregado enquadrado pelo patrão grita com a esposa, que dá um tapa no menino, que chuta o cachorro...

1. O livro não foi publicado no Brasil. Sua edição original, publicada em 2009, tem por título *Embracing the Wild Sky: A Tour across the Horizons of the Mind* [N.T.].

Como reagir de modo são, se estou diante de um perseguidor?

➡ Eu lembro a mim mesmo que só posso ser ferido se quiser.

➡ Eu não levo as críticas para o lado pessoal: ele expressa sua própria frustração.

➡ Eu renuncio a acusar o outro de volta, pois ele não está pronto para ouvir isso.

➡ Eu pratico a autoafirmação tranquila, atentando-me aos fatos e formulando pedidos precisos.

Minha autocrítica:

Em que situações minha tendência também seria:
– ter vontade de criticar?

....

– me autorizar a julgar?

....

– me mostrar suscetível ou ameaçador?

....

– utilizar minhas emoções para colocar o outro em uma situação difícil?

....

– sentir raiva?

....

– Outras tomadas de consciência::

....

PARA SAIR DO PAPEL DE CARRASCO

➡ Eu procuro a fonte de minha frustração.

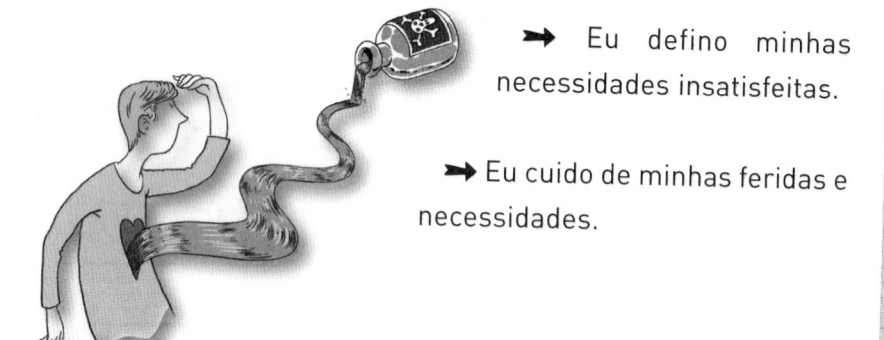

➡ Eu defino minhas necessidades insatisfeitas.

➡ Eu cuido de minhas feridas e necessidades.

Aqui vai uma dica universal para desenvolver seu espírito de tolerância: "Eu critico nos outros os comportamentos que eu me proíbo e que eles se permitem." Essa dica permitirá que você transforme suas proibições em escolha de vida.

Método:

O que eu critico com frequência?

• ....

Que proibição se esconde por trás dessa crítica?

• ....

O que eu quero fazer com essa proibição?

• ....

Ou eu me dou permissão: onde está escrito que é proibido?

• ....

A partir de agora, eu me dou a permissão de... ....

• ....

Ou eu transformo a proibição em escolha de vida: eu posso, se quiser, e eu escolho não... ....
....

Exemplo: Eu critico essa mulher que passa, usando uma calça de oncinha colada e saltos muito altos: "Ela é vulgar! Parece uma p...!" Então, sou eu que me proíbo de ser vulgar e *sexy*. Onde está escrito que é proibido se vestir de maneira vulgar ou *sexy*? Eu posso ser vulgar ou sexy se quiser, até mesmo os dois! Mas eu prefiro me vestir de outro modo. No futuro, as mulheres com quem cruzarei terão o direito de se vestir como desejarem.

Compreender melhor o funcionamento do papel do salvador

Alguns dos jogos preferidos do salvador:

Se não fosse por você...

Esse jogo consiste em insistentemente insinuar que o que se está fazendo é um favor que merece uma contrapartida. Isso permite sentir-se superior por realizar um gesto caridoso, colocando o outro em dívida. Frases-tipo: "Com tudo o que eu faço por você...", "Ok, está bem, eu faço, mas isso não facilita minha vida." Resposta: "Não, obrigada. Eu percebo que isso é custoso para você. Fique tranquilo: eu tenho um plano B." [Tenha sempre um plano B!]

E ENTÃO? VOCÊ PRECISA DE MEUS TALENTOS?

Eu só estava tentando ajudar você...

Trata-se de oferecer ajuda a quem nada pediu. Como a ajuda é inadequada, o salvador é criticado. Então sua raiva pode se expressar: os outros são uns ingratos!

Frases-tipo: "Eu posso deixar você na cidade, se você quiser..."
"Olha, eu achei uma solução para o seu..."

Resposta: "Que gentileza, mas eu já tenho uma solução."

Tribunal

Alguns se dedicam a desempenhar sistematicamente o papel do advogado assim que uma pessoa é criticada. Eles não suportam que alguém receba críticas. Esse jogo dá, sem custar muito, a satisfação de defender o oprimido.

Frases-tipo: "Sim, mas coitado, a gente deve compreendê-lo..."
"Você é muito duro com ele, o que ele está vivendo não é fácil..."

Resposta: "Você está endossando os atos dele?"

Atenção: esse posicionamento pode levar a defender o indefensável!

SEM PÂNICO, ESTOU CHEGANDO!

31

Como reagir de modo são, se estou diante de um salvador?

➡ Eu recuso o papel de vítima.

➡ Eu não me deixo infantilizar e permaneço plenamente adulto e responsável.

➡ Eu ouso rejeitar a ajuda oferecida (com muito tato, pois o salvador tem apenas seus atos para alimentar seu ego.)

➡ Eu lhe agradeço calorosamente por tudo o que fez, a fim de evitar que ele sinta rancor por mim, e lhe juro que, se tiver necessidade, não hesitarei em chamá-lo.

A PENA *[posição elevada]* é desdenhosa e deve ser diferenciada da COMPAIXÃO *[posição de igualdade]*.

Minha autocrítica

Em que situações minha tendência seria: agir de maneira maternal [paternal] com os outros?

....

Sentir-me mais sólido, mais sábio?

....

Sentir pena?

....

Fugir de meus próprios problemas, dedicando-me ativamente aos dos outros?

....

Outras tomadas de consciência:

....

....

PARA SAIR DO PAPEL DE SALVADOR

→ Eu não acredito mais que adultos possam ser vítimas sem recursos.

→ Eu compreendo que fui encorajado, durante a infância, a cuidar dos outros em detrimento de meu próprio crescimento.

→ Eu encontro outros meios de obter atenção e gratificações.

→ Eu me torno prioritariamente meu próprio salvador. Caridade bem ordenada...

→ Eu permito aos outros se tornarem autônomos.

→ Eu pratico a relação de ajuda saudável.

A relação de ajuda saudável

Uma relação de ajuda saudável comporta cinco pontos-chave, fáceis de verificar.

1 - O pedido de ajuda deve ser claramente verbalizado.

Apenas reclamar, esperando que o outro proponha soluções, é infantil e manipulador. Nunca responda a um pedido não verbalizado. Distinga bem entre "Eu tenho sede!" e "Me dê um copo d'água, por favor." Faça emergir um pedido construído: "Você quer me pedir algo? O que você quer? O que você espera de mim?"

O pedido de ajuda deve sempre preceder a oferta!

2 - A oferta de ajuda deve ser limitada pelo conteúdo e pelo tempo.

Para evitar que a vítima veja em você um substituto dos pais que cuida de tudo o tempo todo e para sempre, seja claro quanto à ajuda que traz: "Isso é precisamente o que eu posso fazer por você, até... depois faremos juntos um balanço de sua situação."

Frase catástrofe: "Não se preocupe, 'a gente' vai se virar!"

3 - A ajuda deve comportar uma contrapartida.

Quando acreditamos ajudar gratuitamente, não nos damo conta de que colocamos o assistido em dívida, humilhando com nossa superioridade. Basta imaginar a situação invers para perceber isso. Encontre uma contrapartida justa par sua ajuda, respeitando a dignidade daquele que recebe ajuda evitando que ele fique endividado com você.

Para poder se "despedir", é necessário "pedir a conta".

4 - Nunca fazer mais de 50% do caminho.

Para evitar se colocar em uma situação absurda, em que o sa vador se esforça por uma vítima que espera passivamente se tirada de sua enrascada, é importante verificar que o ajuda colabora ativamente para ser salvo. Nunca diga: "Me deixe fazer

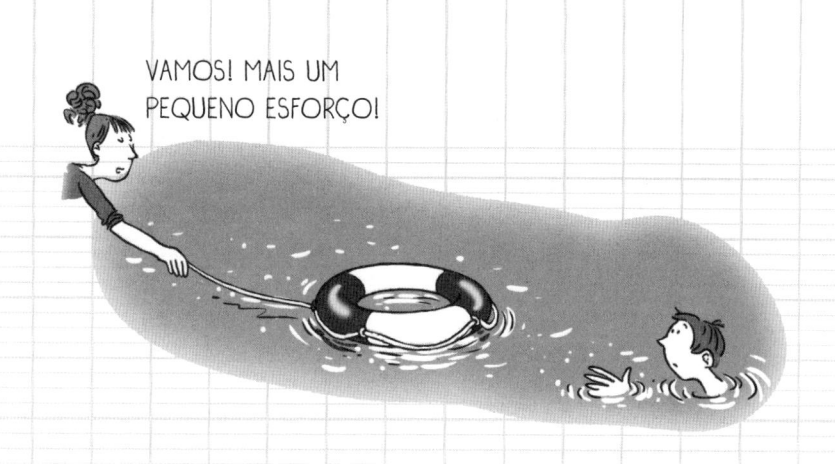

VAMOS! MAIS UM
PEQUENO ESFORÇO!

A gentileza a curto prazo frequentemente se mostra cruel a longo prazo.

5 - A ajuda deve visar o retorno à autonomia.

Provérbio chinês: "Aquele que dá peixe ao homem que tem fome o alimenta por um dia. Aquele que lhe ensina a pescar o alimenta por toda a vida." Quando você ajudar, pergunte-se sistematicamente o seguinte: "Eu estou dando a ele peixe ou ensinando-lhe a pescar?"

Você pode, enfim, abrir o seu coração à generosidade com toda segurança, pois tem agora as chaves para ajudar de maneira eficaz. Isso certamente alimenta menos o ego do salvador, infantiliza menos o ajudado, sendo bem mais gratificante a longo prazo para todos!

Vise sempre a autonomia daquele que recebe ajuda.

Os geradores de agressividade

Algumas atitudes são geradoras de agressividade e de jogos psicológicos. Aprenda a percebê-las e evitá-las!

1 - As generalizações

Elas ganham as seguintes formas:

➡ Os exageros permanentes: todos, sempre, nunca, ninguém em lugar nenhum, em todo lugar etc.

Resposta: "Realmente todos? Realmente sempre? Você não tem nenhum exemplo contrário?"

Se utilizar uma linguagem moderada, você ganha credibilidade. "Várias pessoas, algumas vezes..."

➡ As amálgamas: elas consistem em misturar os problemas. "Sim, mas no outro dia, você..."

Resposta: "Abordaremos esse novo problema que você traz assim que resolvermos aquele de que falamos agora."

Estabeleça um assunto principal e permaneça focado no problema em questão.

➡ A interpretação duvidosa: o exemplo substitui e prova a situação. "Ele não me cumprimentou, isso prova que..."

Resposta: "Que soluções você propõe?"

Focalize o debate nas soluções e no futuro.

2 - A desvalorização

Humilhando o interlocutor, ele se desestabiliza e quem humilha assume o controle.

➤ As comparações críticas:

"Não é como..., ele, pelo menos..." ou "Você viu, querida, a vizinha, ela fez um regime."

Resposta: "Em vez de me comparar, por que não me diz o que espera de mim?"

A comparação é um potente gerador de agressividade, porque ela me priva de minha unicidade e me coloca em posição de inferioridade.

➤ As etiquetas:

"Você, a feminista, o machão, o imprestável..."

Resposta: "Eu não sou sua "boneca" (nem "balofo"). Meu nome
é... e eu peço que você o utilize normalmente."

Os apelidos podem parecer afetuosos, mas frequentemente
infantilizam e desvalorizam. Eles provocam a perda da dignidade e da credibilidade.

➤ O tom acusador e o "porquê":

O objetivo é levar você a se justificar. Quanto mais você se
justificar, mais afundado estará.

Resposta: recuse fazer parte do banco dos réus. Se atenha aos
fatos.

Quem se desculpa, se culpa. Quanto mais eu me justifico, mais
me declaro culpado.

40

3 - A transferência de responsabilidade

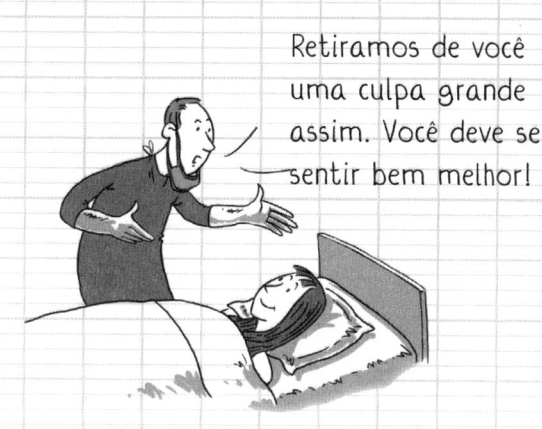

Retiramos de você uma culpa grande assim. Você deve se sentir bem melhor!

➤ A culpa:

Há o sentimento de culpa comum: Eu me torno responsável pelo que o outro vive; o culpar o outro: Eu torno o outro responsável pelo que vivo. E enfim, há o hábito do salvador, que aceita servir de intermediário entre os protagonistas: Você deveria prestar atenção em X..., ele acha que... A culpa é o câncer da comunicação para Jacques Salomé. Resposta: atribuir a cada um sua responsabilidade.

A culpa é ingenuamente pretensiosa. Você não tem tanto poder assim!

➤ A leitura de pensamento:

Nós preservamos da infância a nostalgia de perceberem nossas intenções. Inversamente, fazemos esforços permanentes para tentar compreender o outro e nos enganamos com fre- **41** quência. "Eu já sei o que ele está pensando, como vai reagir etc.", "Eu sei que você tem medo, que está irritado etc.", "Ele sabe muito bem que... Ele deveria saber que..." Também fazemos interpretações: X prova Y. "Ela faz isso para me exasperar."

Acordo tolteca n. 03[2]: Nunca faça pressuposições!

Resposta: em vez de adivinhar, pense em perguntar e diga claramente o que você pensa.

Não diga mais: "Eu queria tanto que ele compreendesse que..."
diga: "Eu queria tanto que você compreendesse que..."

4 - Para se livrar

Aqui vão as principais atitudes antiagressividade; portanto, antijogo:

➤ Resolva os desentendimentos em 6 horas, diretamente com a pessoa envolvida.

➤ Atenha-se aos fatos: quem, o que, onde, como, quando?

➤ Cuide de si e de suas necessidades. Não imponha sua irritabilidade e suas frustrações a seus interlocutores.

➤ Não se esqueça nunca de que:

Não se é obrigado a satisfazer pedidos não ditos

Se eu não pedi claramente o que quero, não posso me ressentir com o outro por não o ter compreendido.

Se ele nada pediu, não posso ser adivinho.

2. A autora se refere ao livro escrito por Dom Miguel Ruiz, editado no Brasil com o título *Os quatro compromissos – O livro da filosofia tolteca*. O autor inspira-se em um modo de pensar que atribui aos toltecas, povo pré-colombiano que viveu no México entre os séculos X e XIII [N.T.].

Autópsia de um jogo

Para compreender bem as regras do jogo, é preciso se dar o tempo de dissecá-las. Um jogo psicológico se desenrola de um modo imutável:

➡ Ele é iniciado pelo jogador n. 1, que lança uma isca.

➡ Essa isca vai atrair um dos pontos fracos do jogador no 2.

➡ O jogador n. 2 reage dando uma resposta automática.

➡ Essa resposta automática estabelece a distribuição dos papéis.

➡ Em seguida o jogo vai avançar com artimanhas, isto é, comunicações que têm um nível aparente e questões escondidas.

➡ Ao fim de um número variável de artimanhas, um dos jogadores vai provocar um drama.

➡ Esse drama provoca um sentimento de estupor no curso do qual se efetua a troca de papéis.

➡ O outro jogador se sente confuso e envergonhado.

➡ *O benefício negativo do jogo é uma ruminação negativa. Por sua amável participação no jogo, cada participante recebe um chiclete de negatividade para mastigar longamente em seu canto.*

Resumo das regras:

Isca → Ponto fraco → Resposta automática → Distribuição dos papéis → Artimanhas → Dramas → Troca de papéis → Confusão → Benefício negativo

Um jogo pode ser desfeito ou desarmado a cada uma de suas etapas.

Basta identificá-lo enquanto se desenrola.

A ISCA

A isca é uma palavra, uma frase ou uma atitude que serve para disparar a resposta automática, tocando no ponto fraco do interlocutor. Isso se chama também "pega-trouxa" para bom entendedor!

Exemplos de iscas:

Não verbais: suspirar levantando os olhos para os céus, se mostrar esgotado, ficar emburrado e se recusar a dizer o que está acontecendo.

Verbais: "Me fale, você não engordou um pouco?" "Você é igual a sua mãe (seu pai)!"

E todos os começos de jogos vistos acima: "Sim, mas...", "Eu esqueci...", etc.

NESSE NÍVEL DO JOGO, VOCÊ PODE:

➤ Não reagir à provocação. Você não viu nem ouviu nada. Você pode também dar uma resposta neutra: "Talvez...", "Pode ser..."

➤ Exagerar com bom-humor: "Além do mais, isso vai piorar com a idade!"

➤ Pedir calmamente uma informação complementar: "O que você quer dizer com isso?"

➤ Fazer calmamente com que a pessoa observe seu comportamento: "Por que você está falando do meu peso [de minha mãe]?"

{O que você quer dizer com isso?}

É no nível da isca que o jogo pode ser desfeito com facilidade. Contudo, todos nós temos pontos fracos e os jogadores do triângulo os conhecem, sabem como cutucá-los. Nesse caso, a isca funcionará de qualquer maneira.

Estas são as iscas que eu posso, agora, identificar em minhas interações:

....

....

....

O PONTO FRACO

Todos nós temos pontos fracos. **Nossas fragilidades são profundamente humanas, ninguém tem o direito de tirar proveito delas.** *Nossos pontos fracos são os pontos sensíveis que nos tornam frágeis e suscetíveis. Pode se tratar de uma fraqueza física ou psicológica que tentamos esconder, como um medo ou um valor que não suportamos ver diminuídos pela atitude do outro.*

Para identificar seus pontos fracos, você pode se perguntar as seguintes questões:

➡ O que eu mais detesto na vida?

....

➡ O que é sagrado para mim?

....

➡ Que tipos de frases ou de atitudes me aborrecem?

....

➡ O que me envergonha? Quais são meus complexos?

....

➤ Do que tenho medo?

....

➤ Eu tenho medos irracionais, como o medo do conflito, do abandono ou do julgamento?

....

NESSE NÍVEL DO JOGO, VOCÊ DEVE:

➤ tomar consciência de seus pontos fracos;

➤ cuidar deles ou aceitá-los;

➤ organizar suas proteções;

➤ sinalizar para o outro que ele está te machucando (ele não poderá dizer que não sabia).

Aqui estão todos os pontos fracos que eu posso, agora, identificar em mim:

....

....

....

É assim que eu vou cuidar deles e protegê-los:

....

....

A RESPOSTA AUTOMÁTICA

Quando uma pessoa é cutucada em um de seus pontos fraco

por uma isca, ela responde instantaneamente, de maneira auto

mática, sem refletir e com uma emoção proporcional à sensi

bilidade desse ponto fraco. Ela cora, se justifica ou se irrita

Atenção: se aquele que lança a isca provoca sua indignação face à injustiça ou sua piedade, você corre o risco de propor espontaneamente ajuda ou assumir engajamentos sem pensar.

NESSE NÍVEL DO JOGO, VOCÊ PODE:

Mesmo que você não tenha sabido evitar a isca, mesmo que ela tenha provocado um de seus pontos fracos, ainda é possível parar o jogo, deixando de reagir de maneira automatizada. Basta, para isso, aprender a multiplicar suas escolhas de resposta. Renuncie à sua espontaneidade e pense em novas maneiras de responder. Assim você vai aumentar muito sua capacidade de resposta.

Mesmo as reações disparatadas são adequadas, pois trata-se simplesmente de quebrar os automatismos. Você pode até mesmo, simplesmente, cantarolar uma cantiga.

Se eu me sinto cutucado em um ponto fraco, aqui estão ao menos três novas respostas diferentes que eu posso agora ativar:

....

....

....

A DISTRIBUIÇÃO
DOS PAPÉIS

A distribuição dos papéis deriva diretamente de sua resposta automática. Sem resposta automática, não há mais vítima, carrasco ou salvador!

Quanto mais você se assume como adulto, calmo e seguro, mais mostra a seu interlocutor que você está determinado a tratá-lo da mesma forma, como pessoa adulta e responsável. Assim, ele terá cada vez menos espaço para entrar no triângulo da imaturidade e da desresponsabilização.

49

NÓS SOMOS PESSOAS ADULTAS E RESPONSÁVEIS

NESSE NÍVEL DO JOGO, VOCÊ PODE:

Reler mais acima como sair dos papéis de vítima, de carrasco e de salvador e como se comportar diante desses personagens.

Estas são as afirmações tranquilas que eu posso, agora, contrapor às tentativas de transferência de responsabilidade:

....

....

....

AS ARTIMANHAS

Se você mordeu a isca e seu ponto fraco foi atingido, se você deu uma resposta automática e se instalou no triângulo, você sabe, você sente: as suas réplicas são estereotipadas, padronizadas e previsíveis. Em resumo, elas parecem falsas. E de fato, tratam-se de artimanhas, isto é, interações que têm um nível social aparente: a discussão parece se dar em tal nível, mas há uma questão escondida que aparece, às vezes, no drama.

Por exemplo, um casal parece discutir sobre as próximas férias, mas a questão escondida é a necessidade que ambos têm de rebaixar o outro e/ou a necessidade do outro de chamar atenção.

NESSE NÍVEL DO JOGO, VOCÊ PODE FAZER EMERGIR AS QUESTÕES ESCONDIDAS:

➡ Por que você está falando disso agora?

....

➡ Onde você quer chegar?

....

➡ Você fala de ...., mas eu tenho a impressão que o verdadeiro problema é ....

➡ Quais soluções você propõe?

....

➡ Quais concessões você está disposto a fazer para que encontremos um acordo satisfatório?

....

➡ Nomeie eventualmente as intenções positivas, mas desajeitadas, de seu interlocutor.

....

....

A isso eu chamo de "terapia das cartas na mesa": quando as questões não estão mais escondidas, o jogo não funciona mais.

Estas são as questões escondidas que eu identifiquei:

....

....

....

....

....

....

O DRAMA

Depois de um momento mais ou menos longo de conversas cheias de armadilhas, o drama consiste em trocar bruscamente os papéis no triângulo dramático. Essa troca de papéis causa um incômodo ou um estupor nas partes em conflito. Depois de um momento de confusão, aparece o benefício negativo: cada um sente uma sensação desagradável crescer (cólera, tristeza, culpa, desânimo, arrogância ou rancor), e ela persistirá durante algum tempo, deixando traços dolorosos na relação.

No momento do drama, já é tarde para interromper o jogo: ele se desenrolou completamente. Você não pode mais evitar o período de ruminação negativa que se segue ao embate. Mas você ainda pode tornar essa ruminação útil.

NESSE NÍVEL DO JOGO, BUSQUE O APRENDIZADO RETROATIVO.

Reveja o filme desde o início:

➡ Quando e como o jogo começou?

....

....

➡ Qual era a isca? Como evitá-la, desarmá-la ou reagir com bom humor em uma próxima vez?

....

....

➡ Quem começou? Foi realmente o outro que começou?

....

....

➡ Qual era o ponto fraco visado? Como cuidar de seu ponto fraco e protegê-lo?

....

....

➡ Qual foi a resposta automática? Que respostas novas eu posso escolher?

....

....

➡ Que papel cada um de nós assumiu? Como deixar de desempenhá-lo?

....

....

➡ Quais eram as questões escondidas? Que mensagem estávamos tentando transmitir? Que mensagem eu quero dizer?

....

....

➡ O que deu forma ao drama? Como isso confirma minha intuição sobre as questões escondidas?

....

....

➡ Quais intenções positivas meu interlocutor tinha?

....

....

➡ Como eu poderia ter respondido?

....

....

➡ De que outra maneira poderei reagir em uma próxima vez?

....

....

Torne um hábito a prática do aprendizado retroativo após interações frustrantes.

Assim, os jogos psicológicos se transformarão em oportunidades preciosas de aprender.

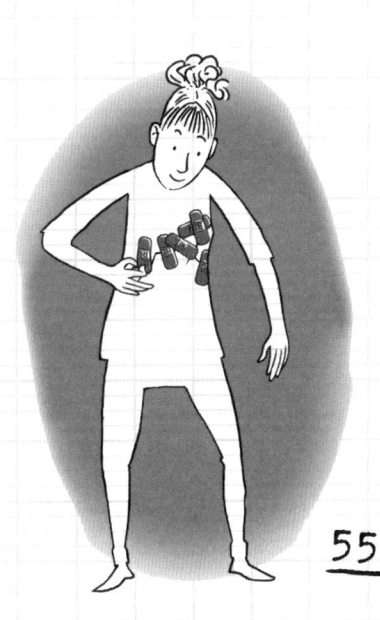

Você poderá descobrir e cuidar de seus pontos fracos. Encontrando novas maneiras de reagir, você enriquecerá sua paleta de responsabilidades e desenvolverá sua habilidade de responder. Essa consciência, que será incutida na comunicação, fará com que você progrida imensamente em sua aptidão de se relacionar.

Estratégia para sair dos jogos

Então, as estratégias para sair dos jogos psicológicos consistem em:

Identificar seus próprios jogos e os dos outros, ouvindo e observando o desenrolar e o conteúdo das interações habituais.

Prever suas reações e aquelas das pessoas de seu convívio.

Frear o jogo, dando um passo atrás desde o momento em que percebe ter dado uma resposta automática. "Desculpe-me, eu me expressei mal. Vou começar de novo..."

Diminuir a frequência dos conflitos atrapalhados, **sem abandonar o realismo**: a comunicação é uma coisa complexa e é impossível controlar todos os seus parâmetros.

Substituir a busca secreta de estímulos negativos por novos meios positivos de satisfazer sua necessidade de reconhecimento.

Abordar suas relações em posição de vida OK + OK + (eu sou uma pessoa de bem e capaz, o outro é também uma pessoa de bem e capaz), em um espírito de colaboração entre iguais.

E sobretudo, fuja dos jogadores profissionais!

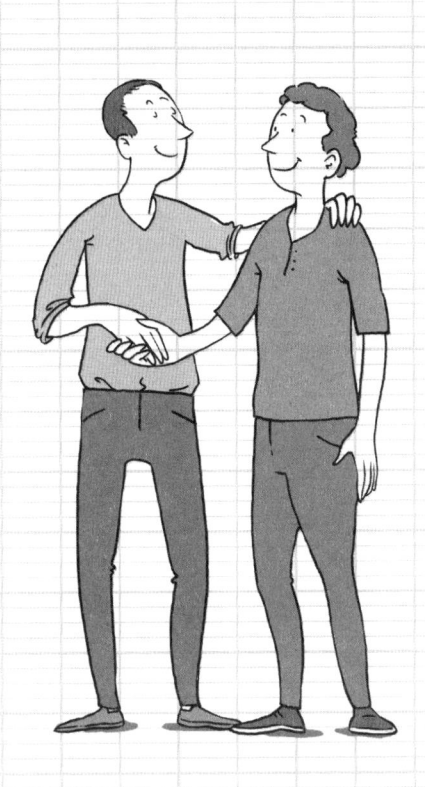

Uma intensidade crescente no jogo

Todos nós participamos de jogos a três. Nós vimos isso ao longo das páginas deste livro: nossas fragilidades, imaturidades, frustrações podem a todo momento nos dominar, nos levando ao comportamento de vítima, do carrasco ou do salvador. Mas alguns de nós são jogadores mais assíduos do que os outros, procuram estímulos mais fortes, mais frequentes e mais intensos também. É por isso que Éric Berne definiu três níveis de jogo.

UM NÍVEL SUPERFICIAL

Trata-se de simples interações falhas, pontuais, entre pessoas que não se conhecem ou que se conhecem pouco e convivem um pouco. Um comerciante ou um cliente desagradável... Um passante perdido fingindo-se de estúpido quando lhe explicamos um caminho, a fim de prolongar a conversa... Um jogador que utiliza o papel de vítima para justificar ter furado uma

fila de espera... Um motorista frustrado... Nesse nível, não há muito gasto de energia se sabemos recuar com rapidez e relativizar o incidente.

UM NÍVEL MAIS INTENSO

Encontramos nesse nível brigas conjugais e familiares, o clima desfavorável de uma equipe em uma empresa. É nesse nível que as interações poderiam ser gravadas e que o gravador poderia terminar a discussão por nós.

Nesse nível, nós já podemos estar viciados nos estímulos que tais jogos nos trazem, ou ainda minados por eles.

OS JOGOS DELINQUENTES

Éric Berne fala de jogos delinquentes desde que eles impliquem: hospital, tribunal, prisão ou necrotério. Esses jogos são realmente perigosos. Tenha consciência do fato de que, ao se colocar fora da lei (deixando de assinar um contrato, de fornecer a nota fiscal ou alimentando o mercado de trabalho irregular), você se aproxima da delinquência. O mesmo se dá ao se desrespeitar as regras de segurança, colocar alguém em perigo, atacar a integridade de alguém: essas atitudes levam diretamente à delinquência.

Qualquer pessoa que paga sua faxineira sem carteira de trabalho ou que telefona enquanto dirige é um jogador delinquente.

Como se fosse necessária uma dose mais intensa a cada vez, os jogadores presos ao triângulo tendem a piorar com o tempo. Hoje, jovens desorientados quebram ambulâncias quando elas vêm socorrer um ferido...

Somos todos concernidos pela necessidade de desarmar esses jogos!

Os jogadores profissionais

Enfim, existe uma população de jogadores profissionais. Trata-se dos manipuladores (e das manipuladoras, tão numerosas quanto).

Comparado a eles, você é um amador! Eles têm domínio absoluto dos três papéis e manejam como querem o jogo triangular, sem que você possa compreender.

SÃO OS PERSEGUIDORES
DE ELITE

Os manipuladores são frustrados doentios: a insatisfação deles é constante, intensa e incurável. Tudo o que parece amor, alegria e gentileza lhes causa raiva. Eles exportam sua raiva no atacado e arruinam todos os bons momentos. São eles que criam os climas de assédio, tão destrutivos. Eles praticam, de maneira mais ou menos aparente, a violência verbal, psicológica e, frequentemente também, violências físicas e sexuais.

UM SALVADOR QUE AFOGA E UMA DÍVIDA VIRTUAL

Os manipuladores, especialistas na arte de inverter os dados, farão com que se acredite que estão doando enquanto furtam, que estão salvando enquanto afogam, que você não seria nada sem eles e mesmo que é privilegiado por ser objeto dos cuidados deles!

UMA ETERNA VÍTIMA DAS CIRCUNSTÂNCIAS

Tão ágeis como gatos ao cair, os manipuladores recuperarão, em todas as circunstâncias, o lugar de vítima. Mesmo que tenham trucidado toda a família, vão justificar-se dizendo que sofriam demais!

Diante desses jogadores profissionais, uma só salvação: a fuga! O risco é de realmente se tornar vítima deles!

Acesse a coleção completa em

livrariavozes.com.br/colecoes/caderno-de-exercicios.

ou pelo Qr Code abaixo